Ulysse
et le Cyclope

© 2008 éditions Milan pour la première édition.
© 2013 éditions Milan pour la présente édition.
300, rue Léon-Joulin, 31101 Toulouse Cedex 9, France.
Droits de traduction et de reproduction réservés pour tous les pays.
Toute reproduction, même partielle, de cet ouvrage est interdite.
Une copie ou reproduction par quelque procédé que ce soit, photographie,
microfilm, bande magnétique, disque ou autre, constitue une contrefaçon
passible des peines prévues par la loi du 11 mars 1957 sur la protection des droits d'auteur.
Loi 49.956 du 16 juillet 1949 sur les publications destinées à la jeunesse.
Dépôt légal : 3ᵉ trimestre 2013.
ISBN : 978-2-7459-6539-4.
Imprimé en Espagne par Unigraf.

Adaptation de Christine Palluy
Illustrations d'Aurélia Grandin

Ulysse
et le Cyclope

MiLAN

Après dix ans de guerre, Ulysse et ses compagnons sont pressés de rentrer à Ithaque. Mais les vents contraires en décident autrement. Ils poussent comme des jouets les douze navires grecs sur la mer agitée.
Par une nuit sans lune, les bateaux atteignent une terre inconnue. Inquiets mais épuisés, les marins s'endorment sur la plage.

Le lendemain, ils s'éveillent sur une île
remplie de vivres, de douceur et de calme.
Face à eux, une autre île se dresse,
verte et surplombée de rochers.
« Mes amis, déclare Ulysse l'intrépide,
je veux savoir qui habite là-bas.
Restez ici et reposez-vous :
je pars avec mon équipage ! »

Ulysse débarque sur l'île voisine. Muni d'une outre de bon vin, il grimpe sur la colline avec douze de ses compagnons. Très vite, les aventuriers découvrent une immense grotte cachée derrière des lauriers.
Le cœur battant, ils entrent.
Là, des agneaux et des chevreaux attendent paisiblement leurs mères.
Au sol, plusieurs seaux débordent de lait crémeux, alors que des dizaines de fromages s'empilent sur des étagères.
Fous de joie, les gourmands se régalent du bon lait et savourent les fromages. Cela fait une éternité qu'ils n'en ont pas mangé.
Puis, prévoyant le retour du berger, ils entretiennent le feu.

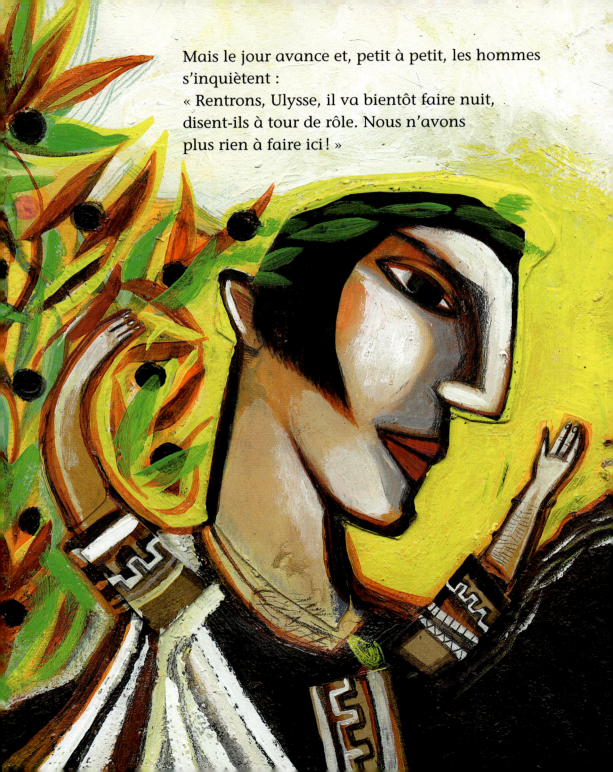

Mais le jour avance et, petit à petit, les hommes s'inquiètent :
« Rentrons, Ulysse, il va bientôt faire nuit, disent-ils à tour de rôle. Nous n'avons plus rien à faire ici ! »

Soudain l'un d'eux demande le silence :
« Écoutez, j'entends une voix énorme ! Qui parle ainsi ? »
Ses compagnons frémissent :
« Nous sommes peut-être au pays des Cyclopes, ces terribles géants qui n'ont qu'un œil au milieu du front ! »
Ulysse ne bouge pas. Cela fait longtemps qu'il pense aux Cyclopes, il brûle d'envie de les rencontrer. Brusquement un troupeau envahit la caverne, et, peu après, la terre se met à trembler sous des pas gigantesques.

Épouvantés, Ulysse et ses compagnons courent à la recherche d'un refuge. Trop tard : Polyphème le Cyclope, fils du dieu Poséidon, vient de pénétrer dans son antre. Épais et grand comme une montagne, le monstre roule son œil énorme dans tous les sens. Il jette à terre un bouquet d'arbres à brûler, pousse un rocher pour refermer l'entrée, et commence à traire ses bêtes.

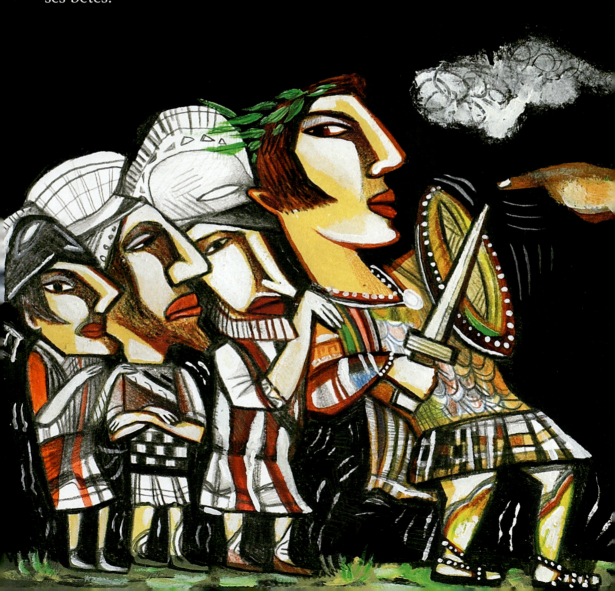

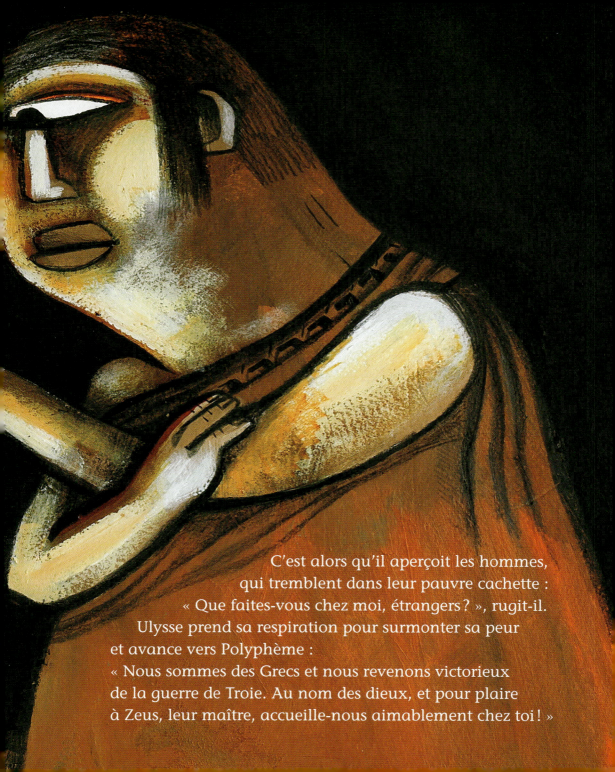

C'est alors qu'il aperçoit les hommes,
qui tremblent dans leur pauvre cachette :
« Que faites-vous chez moi, étrangers ? », rugit-il.
Ulysse prend sa respiration pour surmonter sa peur
et avance vers Polyphème :
« Nous sommes des Grecs et nous revenons victorieux
de la guerre de Troie. Au nom des dieux, et pour plaire
à Zeus, leur maître, accueille-nous aimablement chez toi ! »

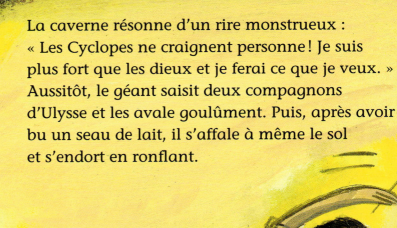

La caverne résonne d'un rire monstrueux :
« Les Cyclopes ne craignent personne ! Je suis plus fort que les dieux et je ferai ce que je veux. »
Aussitôt, le géant saisit deux compagnons d'Ulysse et les avale goulûment. Puis, après avoir bu un seau de lait, il s'affale à même le sol et s'endort en ronflant.

Les hommes pleurent et hurlent de terreur.
Dans sa colère, Ulysse sort son épée pour la planter dans le cœur de ce monstre.
Mais il se ravise.
Si le Cyclope mourait, qui dégagerait l'énorme pierre de l'entrée ? Mieux vaut attendre l'aube et réfléchir.

Dès son réveil, le Cyclope rallume le feu. De nouveau il dévore deux hommes, et, satisfait, il sort son troupeau en refermant la grotte derrière lui.
Sans perdre une minute, Ulysse propose le plan qu'il a mis au point dans la nuit :
« Regardez ce tronc d'olivier au milieu de l'enclos. Nous allons le tailler en pointe. Nous en ferons une arme contre le Cyclope ! »
Malgré l'horreur qui les glace, Ulysse et les huit compagnons restants se mettent au travail. En fin d'après-midi, le tronc, qu'ils ont caché dans la paille, ressemble à une lance.

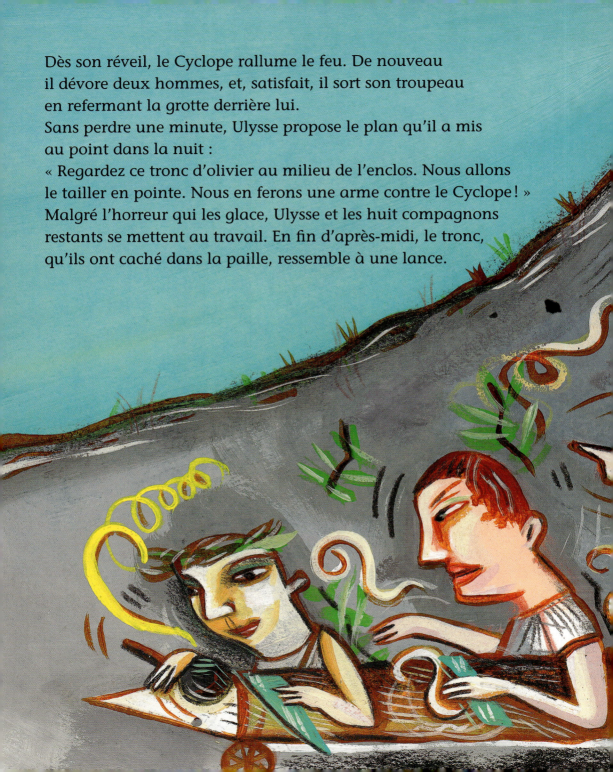

Lorsque Polyphème revient, il agit comme la veille et comme le matin : il entre dans la grotte, la referme, il s'occupe de ses bêtes, puis calmement, il saisit deux hommes qu'il engloutit pour son dîner.
Ulysse choisit ce moment pour s'avancer :
« Voilà une outre pleine d'un vin excellent. Je te l'offre ! »

Ravi, le Cyclope en boit une rasade.
« Ton vin est bon, étranger ! Pour te remercier, je vais moi aussi te faire un cadeau. Comment t'appelles-tu ? »
Ulysse le rusé pense à tout. Il s'invente un nom :
« Ma famille et mes compagnons m'appellent Personne. »
Lentement, Polyphème boit le vin jusqu'à la dernière goutte et annonce :
« Personne, voici mon cadeau : tu seras le dernier que je mangerai ! »
Et, aussitôt, il tombe à la renverse dans un sommeil d'ivrogne.

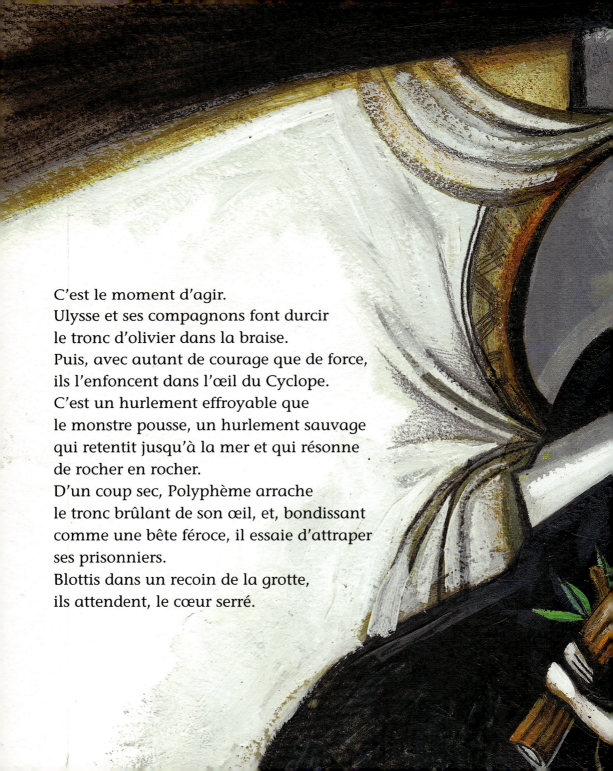

C'est le moment d'agir.
Ulysse et ses compagnons font durcir
le tronc d'olivier dans la braise.
Puis, avec autant de courage que de force,
ils l'enfoncent dans l'œil du Cyclope.
C'est un hurlement effroyable que
le monstre pousse, un hurlement sauvage
qui retentit jusqu'à la mer et qui résonne
de rocher en rocher.
D'un coup sec, Polyphème arrache
le tronc brûlant de son œil, et, bondissant
comme une bête féroce, il essaie d'attraper
ses prisonniers.
Blottis dans un recoin de la grotte,
ils attendent, le cœur serré.

En quelques minutes, tous les Cyclopes de l'île sont rassemblés devant la caverne. Ils demandent d'une voix forte :
« Qui te veut du mal, Polyphème ?
– Personne ! répond le Cyclope. Aidez-moi, c'est Personne qui m'a rendu aveugle ! »
Les voisins de Polyphème se regardent, stupéfaits. Leur ami est devenu fou... Ils ne savent que faire.
« Défendez-moi, c'est la faute de Personne, je vous dis ! reprend Polyphème, irrité.
– Repose-toi, et, à l'avenir, ne nous réveille plus pour rien ! », s'indignent ses voisins en repartant.

Les ruses d'Ulysse ont fonctionné. Mais, tant qu'ils sont enfermés dans la grotte, les aventuriers sont en danger. Alors leur chef trouve une nouvelle idée.
Avec des brins d'osier, il lie trois par trois les béliers du troupeau et, sans bruit, il attache chacun de ses compagnons sous la bête du milieu.
Dès l'aurore, Polyphème entrouvre la caverne.
Aussitôt son troupeau se presse vers la sortie.
Posté devant l'entrée, le Cyclope, méfiant, vérifie à tâtons le dos de chaque animal.

Il n'a pas l'idée de passer la main sous leur ventre, et bientôt, un à un, les compagnons d'Ulysse respirent à l'air libre. Ne pouvant s'attacher, Ulysse, lui, sort en dernier, les mains agrippées à la fourrure bouclée d'un énorme bélier. Mais, à son passage, le Cyclope arrête sa plus belle bête :
« Bélier paresseux, dit-il, pourquoi sors-tu après les autres, toi qui es toujours le premier ? Si tu pouvais parler, je sais que tu me dirais où se cache ce traître de Personne ! »
De toutes ses forces, Ulysse serre le ventre de l'animal.
Il ignore combien de temps il peut tenir.
Enfin, Polyphème lâche son bélier préféré.

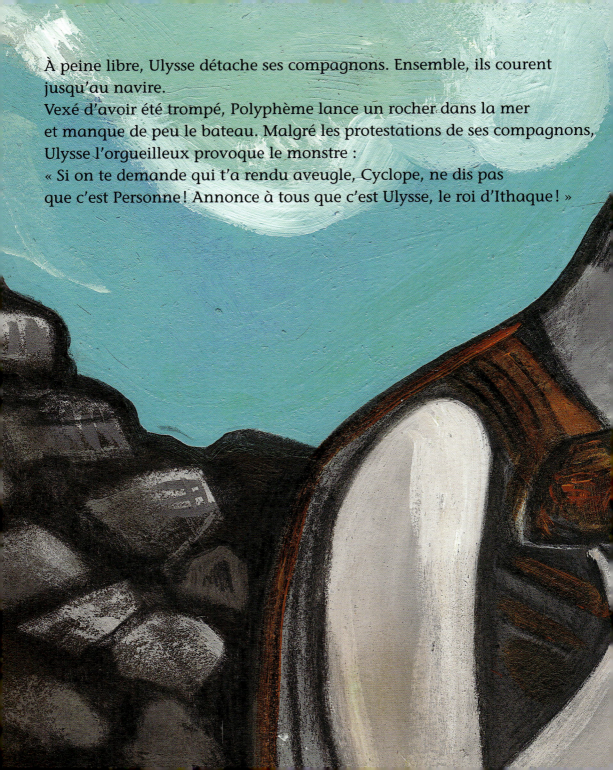

À peine libre, Ulysse détache ses compagnons. Ensemble, ils courent jusqu'au navire.

Vexé d'avoir été trompé, Polyphème lance un rocher dans la mer et manque de peu le bateau. Malgré les protestations de ses compagnons, Ulysse l'orgueilleux provoque le monstre :

« Si on te demande qui t'a rendu aveugle, Cyclope, ne dis pas que c'est Personne ! Annonce à tous que c'est Ulysse, le roi d'Ithaque ! »

Alors, Polyphème le Cyclope, fils du dieu Poséidon, lève les bras au ciel :
« Père, puisque tu diriges la mer, fais en sorte qu'Ulysse ne rentre jamais chez lui. S'il doit revoir son île, je veux qu'il perde ses navires, qu'il souffre et qu'il soit accueilli dans sa maison comme un étranger ! »
En découvrant son fils aveugle, le dieu de la Mer entre dans une colère terrible.
Durant des années, il s'acharnera contre Ulysse. Ce n'est que bien plus tard que le roi d'Ithaque reverra son île, seul et vêtu comme un mendiant.

QUI EST ULYSSE ?*

Héros le plus célèbre de la mythologie grecque, Ulysse est le roi d'une petite île, Ithaque.
Si les Romains l'appellent Ulysse, les Grecs le nomment Odusseus. Son nom grec signifie « celui qui subit la haine », car certains dieux le détestent et s'amusent à lui faire subir de terribles épreuves. Heureusement, d'autres divinités le protègent et, grâce à sa ruse, à son courage et à mille astuces, il échappe à tous les dangers.

Les Romains ont emprunté de nombreux dieux à la mythologie grecque et leur ont donné de nouveaux noms. Ainsi, Zeus devient Jupiter à Rome, Poséidon Neptune, Aphrodite Vénus, Athéna Minerve.

* *Le titre* Ulysse et le cheval de Troie *est disponible dans la collection « Le Coffre à histoires ».*

LA GUERRE DE TROIE

Le prince Pâris a enlevé Hélène, la très belle reine de Sparte, et l'a emmenée chez lui, à Troie.
Les rois et les princes grecs (dont Ulysse) s'allient contre les Troyens pour reprendre Hélène.

Cette guerre, qui a duré dix ans, est le point de départ de l'*Iliade* et de l'*Odyssée*, légendes grecques très anciennes écrites en vers il y a près de trois mille ans par le poète Homère.
On récitait ces aventures extraordinaires sur de la musique lors des grandes fêtes. L'*Iliade* raconte la guerre de Troie, tandis que l'*Odyssée* relate le long voyage qu'Ulysse fit au retour de cette guerre.

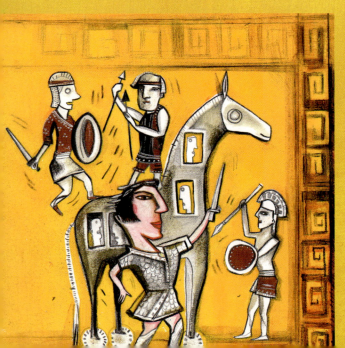

L'ERRANCE D'ULYSSE

Les dieux, furieux de la mauvaise conduite des Grecs lors de leur victoire sur Troie, ordonnent qu'une tempête les engloutisse avant leur retour en Grèce.
Très peu de navires échappent à Poséidon, le dieu de la Mer. Poussés d'île en île par les vents, Ulysse et ses hommes vont vivre mille aventures.

Ulysse et le Cyclope est l'une des plus célèbres. Mais Ulysse va aussi rencontrer Éole, le dieu des Vents, échapper aux audacieuses sirènes, rencontrer les morts dans leur royaume, délivrer ses compagnons transformés en cochons par la belle Circé.
Il restera même plusieurs années prisonnier de l'amour de la nymphe Calypso, avant de retrouver enfin son île et de s'imposer de nouveau comme roi.

Le Coffre à histoires

Des livres pour toute la famille

Dès 3 ans

Dès 5 ans

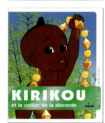

Dès 7 ans